AF295684

ISMENE,

PASTORALE HEROIQUE,

Repreſentée devant le ROY, ſur le
Théatre des petits Appartemens
à Verſailles.

Imprimée par exprès Commandement de
SA MAJESTE'.

M. DCC. XLVIII.

Les Paroles font de M. DE MONCRIF, *Lecteur de la Reine, l'un des Quarante de l'Academie Françoife, & de l'Academie royale des Sciences & Belles-Lettres de Pruffe.*

La Mufique eft des Sieurs REBEL *&* FRANCŒUR, *Surintendans de la Mufique de la Chambre du Roi.*

Les Danfes font de la compofition du Sieur DEHESSE.

Les Habits font faits fur les deffeins du fieur PERONNET.

CHŒURS CHANTANS.

Côté du ROI.

Les Srs

Camus,
Gerome, } Dessus.

Daigremont, Taille.

Le Begue, Haute-Contre.

Godonesche,
Ducros, } Basses.

Côté de la REINE.

Les Srs

Dupuis,
Falco,
Francisque, } Dessus.

Richer, Taille.

Bazire, Haute-Contre.

Benoist, Basse.

Poirier, Haute-Contre.

PERSONNAGES DANSANS.

PREMIER DIVERTISSEMENT.

BERGERS.

Les Sieurs *Barois, Balleti, Piffet, Dupré.*

BERGERES.

Les Demoiselles *Durand, Chevrier, Dorfeuil, Astraudi.*

UN BERGER.

M. le Marquis de *COURTANVAUX.*

DEUXIEME DIVERTISSEMENT.

BERGERS.

Les Sieurs *Balleti*, *Dupré*.

BERGERES.

Les Demoiselles *Durand*, *Astraudi*.

UN FAUNE.

M. le Marquis de *COURTANVAUX*.

FAUNES.

Les Sieurs *Barois*, *Piffet*.

Les Demoiselles *Dorfeuil*, *Chevrier*.

DEUX BERGERES.

Les Demoiselles *Camille*, *Puvigné*.

ORCHESTRE.

Clavecin,	Mr Ferrand.

Violoncelles,
{ Le Sr Jeliote,
Le Sr Chrétien,
Le Sr Picot,
Mr Duport.

Baſſons,
{ M^r le Prince de DOMBES,
Le Sr Marliere.

Violes,
{ Mr de Dampiere,
M^r le Marquis de Sourches.

Flutes,
{ M^r Buſſilier,
Le S^r Deſelles.

Hautbois, Le S^r Deſelles. 

Violons, premiers deſſus,
{ Le Sr Mondonville,
Le S^r Deſelles,
M^r Buſſilier,
Le Sr Mayer.

Violons, ſeconds deſſus,
{ Le Sr Guillemain,
Mr de Courtaumer,
Mr Fauchet,
Le Sr Belleville.

ACTEURS.

ISMENE, Nymphe.   *Madame la Marquise*
DE POMPADOUR.

DAPHNIS, Berger.   *Monsieur le Duc*
D'AYEN.

CLOÉ, Bergere.   *Madame TRUSSON.*

CHŒUR de Bergers & de Bergeres.

TROUPE de Faunes.

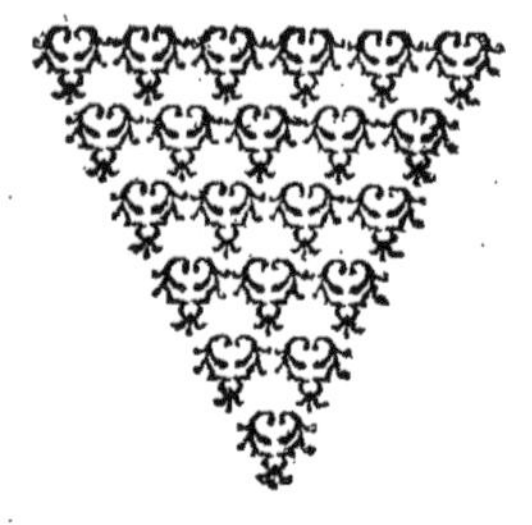

ISMENE,

PASTORALE HEROIQUE.

Le Théatre repréfente un Temple : on voit un Bois dans l'enfoncement.

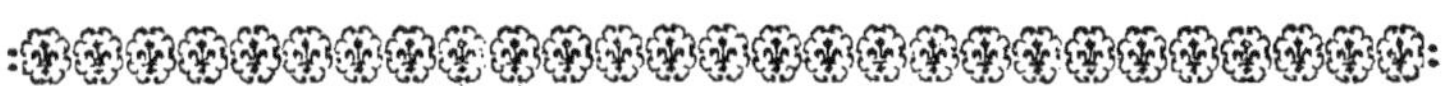

SCENE PREMIERE.

DAPHNIS.

 *ZEPHIRS, aimables Fleurs, & vous, claire Fontaine,*

Vous m'avez vû cent fois fuivre les pas d'Ifmene !

Apprenez-lui mes feux ; qu'ils puiffent la toucher.

Daphnis, dût-il nourrir une tendreffe vaine,

Au penchant de fon cœur ne veut point s'arracher.

Viens ; vole, Amour, parle toi-même :

Fais triompher l'ardeur dont je suis enflamé.

Si je ne puis me croire aimé,
Je ne dirai jamais que j'aime.
Viens, vole, &c.

Mais je sens que le Dieu m'éclaire.

A la Beauté la plus sévere,
Par un détour ingénieux,
On peut peindre & voiler ses feux ;
C'est à la fois s'expliquer & se taire.

Ismene vient ; Amour, favorise mes soins :
J'attendrai le moment de la voir sans témoins.

SCENE

SCENE SECONDE.

ISMENE, CLOÉ, BERGERS ET BERGERES.

CLOÉ.

Votre félicité, belle Ismene, m'est chere ;
J'aime à voir qu'en ces lieux tout s'empresse à vous plaire.

Dans les Jeux que pour vous on prend soin de former,
Vos talens enchanteurs vous font mille conquêtes.
Ce fut pour couronner votre art de tout charmer,
Que l'Amour inventa nos Fêtes.

Veut-on offrir au plus aimable Objet
Les premiers dons que le Printems ramene ;
La Bergere la plus vaine,
Malgré soi, dit en secret :
Ah ! ce prix est pour Ismene.

Mais nos jeux en ce jour ne peuvent vous flater ?

ISMENE.

Jadis le Dieu des Bois, dans ce lieu solitaire,

B

Du deſtin de nos cœurs dévoiloit le myſtere :
J'ai beſoin de le conſulter.

CLOÉ.

Eh! par quel miracle
Ce divin Oracle
Rendroit-il votre ſort plus doux ?

LE CHŒUR.

Qui vous voit, vous adore,
Vous nous enchantez tous.
Peut-on former des vœux encore,
Quand on eſt belle comme vous ?

CLOÉ.

Qui vous voit, &t.

LE CHŒUR.

Qui vous voit, &c.

CLOÉ.

Le même jour ramene parmi nous,
La Fête d'Iſmene & de Flore.

LE CHŒUR.

Qui vous voit, &c.

CLOÉ.

Nos Demi-Dieux, avec un soin jaloux,
Ont placé votre Image au Temple de l'Aurore.

LE CHŒUR.

Qui vous voit, &c.

CLOÉ.

Peut-on former, &c.

LE CHŒUR.

Qui vous voit, &c.

On danse.

ISMENE.

Dieu des ames,
Quand tes flames,
En secret régnent sur nous ;
Quel martyre,
Pour détruire

Un enchantement si doux !

On soupire ,

On veut lire

Dans le cœur de son Amant.

Tant de peine

Ne nous mene

Qu'à l'aimer plus tendrement.

On danse.

C L O É.

Vous voulez en ces lieux former des vœux secrets ,
Nous reviendrons bien-tôt célébrer le succès.

SCENE TROISIEME.

ISMENE.

O Vous ! qui nous fîtes entendre
De l'obscur avenir l'irrévocable loi ;
A Daphnis, en secret, j'ai destiné ma foi ;
   Dites-moi si son cœur est tendre :
   Mais gardez-vous de me l'apprendre,
   Si c'est pour une autre que moi.

   Quelque route que je prenne,
   Je le rencontre au matin :
   S'il est des fleurs dans la Plaine,
   Il en seme mon chemin :
   L'air qui me plaît davantage,
   Aux Echos de ce Bocage
   Il le chante tout le jour.
   Mais Daphnis, regret extrême !
   Ne m'a point dit : » Je vous aime.
   Non, Daphnis n'a point d'amour.

A la fête de l'Aurore
Je quittai bien-tôt les jeux ;
Il dansa , dit-on , encore ,
Mais l'ennui peint dans les yeux :
Il suivit bien-tôt mes traces ;
Je fus au Temple des Graces ,
Il parut dans le moment :
Mais Daphnis , surprise extrême !
Ne me dit point : » Je vous aime.
Non , Daphnis n'est point Amant.

On vient. Ah ! c'est lui-même.

SCENE QUATRIEME.

ISMENE, DAPHNIS.

ISMENE.

Quel dessein vous attire en ce Bois écarté ?

DAPHNIS.

J'y viens rêver en liberté.

ISMENE.

Vous, rêver ?

DAPHNIS.

Je formois d'agréables chimeres.
C'est ma seule félicité.

ISMENE.

Quoi ! des erreurs vous sont-elles si cheres ?

Votre bonheur fera peu de jaloux,
Comment peut-on ceder au charme des mensonges ?
C'est fuir des biens cent fois plus doux,
Pour s'égarer avec les songes.

L'erreur qui séduit

Aisément s'envole ;
Le réveil détruit
Un bien si frivole.
Votre Bonheur, &c.

D A P H N I S.

J'imaginois une beauté
Par un jeune Berger suivie ;
Lisis... c'est le Berger, la Nymphe c'est... Zélie.
Mais quoi ! ce récit inventé
Peut-être déja vous ennuye ?

I S M E N E.

La peinture des tourmens,
Ou du bonheur des Amans,
N'est jamais indifférente :
Sont-ils dans l'attente
D'un destin heureux ?
Avec eux
On s'impatiente.
Oui, vous m'intéressez, Daphnis :
Parlez... Hé bien, Lisis...

D A P H N I S.

D A P H N I S.

Il éleve un Autel où la Reine des Roſes
Régnoit ſur mille fleurs nouvellement écloſes;
A ſa voix, d'une Lyre uniſſant les doux ſons,
Des charmes de Zélie il célébroit l'empire.

I S M E N E.

N'auriez-vous point retenu ſes chanſons ?

D A P H N I S.

Sans peine je puis les redire:
Traçons l'heureux tableau
D'une Venus nouvelle,
Plus il devient fidelle,
Plus il vous paroît beau;
Dans l'enchantement qu'il inſpire,
On ne craint point qu'il ſoit flaté;
A peine tout l'art peut ſuffire
Pour bien rendre la vérité.

I S M E N E.

Il ceſſa de chanter? Ah! Daphnis, quel dommage!

C

D A P H N I S.

Si la Chanson vous plaît, il chanta davantage.

Celui qui peut la voir
Et braver l'esclavage,
Fait un autre naufrage
Bien-tôt sans le prévoir :
Au doux penchant qui vous attire,
Quand on l'écoute un seul moment ;
On croit seulement qu'on admire :
Quelle erreur ! on devient Amant.

I S M E N E.

Le portrait est charmant… consentez, je vous prie,
Que la Nymphe l'ait entendu.

D A P H N I S.

Sans doute le Berger avoit joint sa Zélie.

I S M E N E.

Je crois imaginer ce qu'elle a répondu :

Quand il seroit sincere
Ce portrait enchanteur,

D'une fidelle ardeur

Cette preuve eſt légere :

Ah ! demandez à plus d'une Bergere ;

Un éloge flateur

Eſt moins ſouvent le langage du cœur,

Qu'un art trompeur de plaire.

DAPHNIS.

Non, s'écria Liſis, quelle injuſtice, ô Dieux !

Quand c'eſt vous qu'on adore,

Ne peut-on vanter ces beaux yeux,

Et tout l'amour qu'ils font éclore ?

Quand c'eſt vous qu'on adore,

L'Amant qui l'exprime le mieux,

Le ſent mille fois mieux encore.

Mais Liſis connoît trop qu'il doit fuir vos attraits.

ISMENE.

Liſis fuiroit Zélie ! Hé ! quel dépit l'inſpire ?

DAPHNIS.

Il prouve ſon amour par mille ſoins diſcrets ;

C ij

En douter, c'est lui dire :
Je ne vous aimerai jamais.

Vous n'imaginez plus ce que la Nymphe pense ?

I S M E N E.

Je la crois interdite... & consultant son cœur.

D A P H N I S.

Et ce cœur, il n'a donc que de l'indifférence ?

I S M E N E.

Peut-être du Berger il accuse l'erreur.

D A P H N I S.

Quoi, l'erreur ! Que ce mot pour Lisis a de charmes,
Un espoir enchanteur adoucit ses allarmes :

Daphnis aux genoux d'Ismene.

Il tombe à ses genoux ; ah connoissez mes feux...

Les Bergers reparoissent.

Ciel ! on vient...

I S M E N E.

Achevez...

DAPHNIS.

On annonça des Jeux ;
Lisis désesperé fut contraint de se taire...
Hé... que pensoit Zélie en ce moment fâcheux ?

ISMENE.

Elle partageoit sa colere.

SCENE CINQUIEME.

ISMENE, DAPHNIS, CLOÉ, BERGERS ET BERGERES, TROUPE DE FAUNES.

CLOÉ.

L'Oracle a-t-il parlé, sans doute dans ce jour
Le Destin à vos vœux n'oppose point d'obstacles ?

ISMENE.

Je n'ai consulté que l'Amour,
C'est le plus charmant des Oracles.

Daphnis, je vous choisis, vous êtes mon vainqueur ;
Mais que dis-je, choisir ! j'obéis à mon cœur,
Oui, Daphnis, je vous aime.

DAPHNIS.

Aveu charmant ! félicité suprême !
Un seul mot a rempli les vœux que je formois.

ISMENE.

Depuis long-tems je vous aimois.

DAPHNIS.

Dans votre cœur je n'ofois lire.

ENSEMBLE.

Depuis long-tems je vous aimois,
Qu'il me tardoit de vous le dire.

DAPHNIS.

J'en attefte l'Echo des Bois.

ISMENE.

Demandez aux Oifeaux qui chantent dès l'Aurore,
Combien j'ai répeté de fois :
» Daphnis eft charmant , je l'adore.

ENSEMBLE.

Combien j'ai répeté de fois :
» Daphnis eft charmant , je l'
» Ifmene , c'eft vous que j' } *adore.*

ISMENE.

Amours , Plaifirs & Jeux ,
Regnez , Troupe riante ;

Que tout chante

Dans ces lieux :

Amours, &c.

On danſe.

C L O É.

Que tout chante

Dans ces lieux :

Iſmene eſt charmante ,

Daphnis eſt heureux.

LE CHŒUR.

Que tout chante , &c.

On danſe.

D A P H N I S.

Vous qui voulez charmer ,

Voici tout le myſtere :

Songez moins à plaire

Qu'à bien aimer.

Amant

D'un objet charmant ,

Sa ſeule préſence

Payoit mon tourment :

Perdant

Perdant avec conftance
Les foins que j'offrois ,
Du moins je l'adorois.

Vous qui voulez, &c.

Belle Ifmene ,
Quelle chaîne !
Sort plein d'attraits !
Heureux déformais ,
Nos jours vont couler en paix.

Vous qui voulez , &c.

On danfe.

C L O É à Daphnis.

Ifmene a reçu votre hommage ,
Et vous l'aimez bien tendrement ;
Apprenez le fecret de l'aimer davantage ,
C'eft de la voir à tout moment.

On rencontre affez de Belles ,
Dont l'éclat peut tout charmer ;

D

Mais trouve-t-on chez elles

Des graces toujours nouvelles ,

Et le don de bien aimer ?

Ismene a reçu , &c.

L'Acte finit par une Contredanse de Bergers & de
Faunes.

F I N.

www.ingramcontent.com/pod-product-compliance
Ingram Content Group UK Ltd.
Pitfield, Milton Keynes, MK11 3LW, UK
UKHW020110100726
13658UKWH00005B/2076